AF312677

17 Janvier 1901

V

BELLES-PORCELAINES

ANCIENNES

Françaises, Allemandes et de l'Extrême-Orient

PORTRAITS DU XVIIIe SIÈCLE

Formant

la collection de M. P. M

OBJETS D'ART ET D'AMEUBLEMENT

SCULPTURES

ARGENTERIE, TABLEAUX

Appartenant à divers

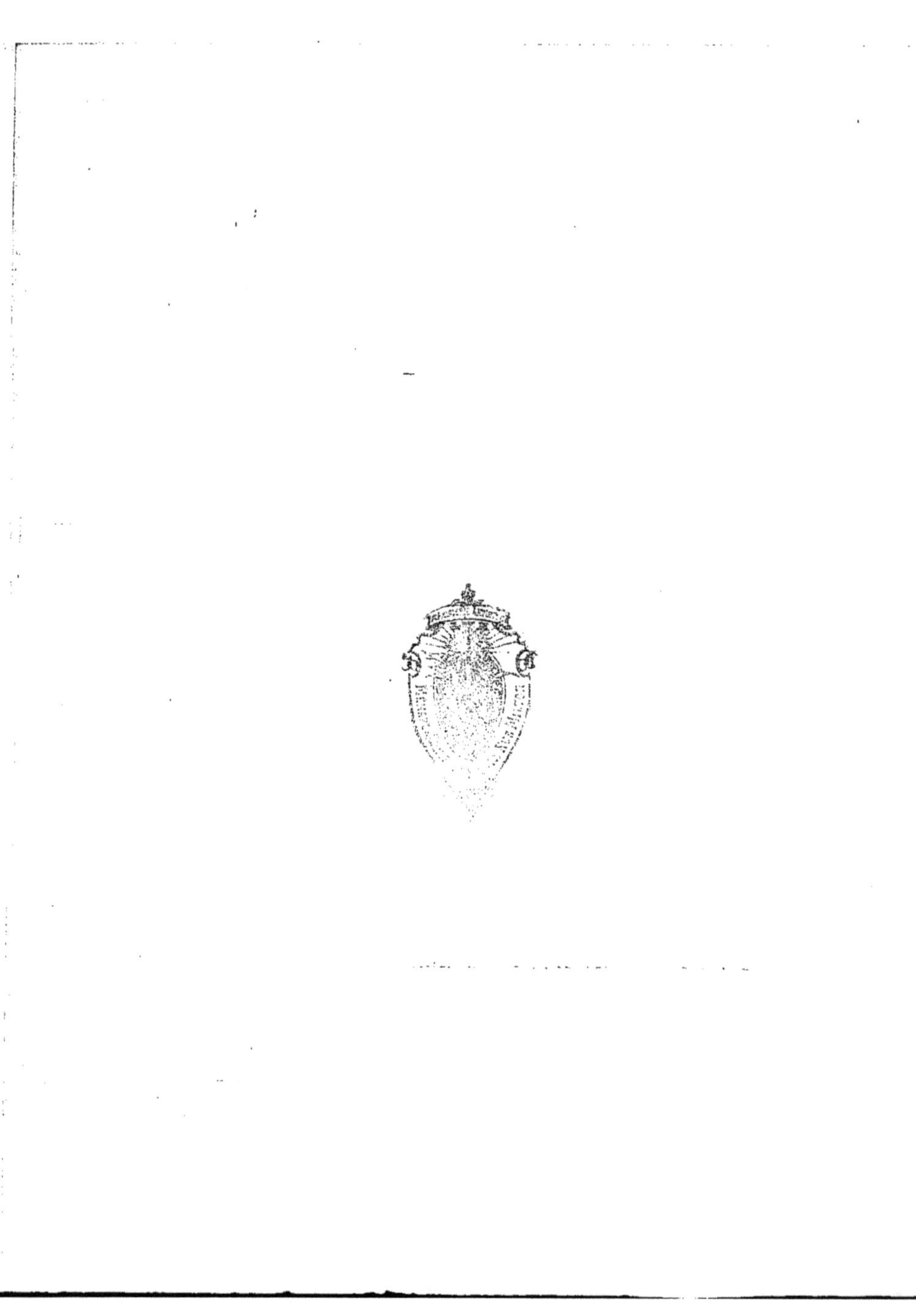

CATALOGUE

DE

BELLES PORCELAINES

ANCIENNES

DE

Mennecy, Sèvres, Saxe, Kronenburg, Ludwigsburg
Charles Théodore, Vienne, Berlin, Chine et Japon

ANCIENNES FAIENCES FRANÇAISES, HOLLANDAISES ET ITALIENNES

Beaux portraits de l'École française du XVIIIe siècle

2 PETITS TABLEAUX D'OUDRY, BRONZES D'AMEURLEMENT, BIJOUX ANCIENS, MINIATURES

FORMANT

La Collection de M. P. M***

MEUBLES DU TEMPS DE LOUIS XVI

et autres de style

BRONZES — MARBRES — FAIENCES — TABLEAUX

Superbes Candélabres et Jardinière en argent

DE STYLE LOUIS XVI

TENTURES

Appartenant à divers

DONT LA VENTE AURA LIEU

HOTEL DROUOT, SALLE Nᵒ 11

Les Jeudi 17 et Vendredi 18 Janvier 1901, à 2 heures

Mᵉ LAIR DUBREUIL	**M. A. BLOCHE**
COMMISSAIRE-PRISEUR	EXPERT
Successeur de Mᵉ G. DUCHESNE	*près la Cour d'Appel*
6, rue de Hanovre, 6	**28, Rue de Châteaudun, 28**

Chez lesquels se trouve le présent Catalogue

EXPOSITION PUBLIQUE

LE MERCREDI 16 JANVIER 1901

DE 2 H. A 6 HEURES

CONDITIONS DE LA VENTE

Elle sera faite au comptant.

Les acquéreurs paieront 10 0/0 en sus du prix d'adjudication.

L'exposition permettant au public de se rendre compte de la nature et de l'état des objets, il ne sera admis aucune réclamation une fois l'adjudication prononcée.

Paris. — Imp. Ménard et Chaufour, 8-10, rue Milton.

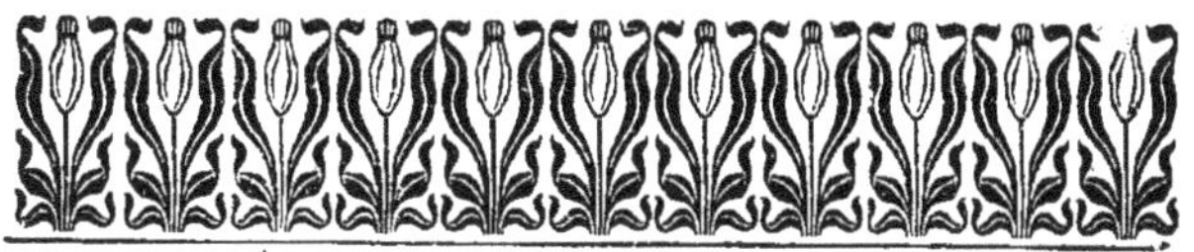

Collection de M. P. M...

PORCELAINES ET FAIENCES

1 — VIEUX SAXE. Très belle jardinière, fond vert pâle, marbré d'or avec réserves à sujets, d'après BOUCHER, monture en bronze doré et ajouré Louis XVI.

2 — VIEUX CHINE. Deux flambeaux formés par des figurines d'enfants, montures en bronze doré à branchages feuillagés.

3 — VIEUX SAXE. Groupe de Junon assise sur son trône.

4 — VIEUX SAXE. Groupe : Bacchus et petit Bacchant assis sur un tonneau.

5 — VIEUX SAXE. Satuette représentant Le Temps.

6 — VIEUX SAXE. Statuette de vieillard allégorie à l'hiver.

7 — CHARLES THÉODORE. Statuette d'Appolon jouant de la lyre, terrassement offrant un dauphin, une tortue et des coquillages.

8 — LUDWIGSBURG. Statuette représentant Cérès.

9 — VIEUX SAXE. Groupe : Vénus et l'Amour.

10 — LUDWIGSBURG. Statuette : La Baigneuse, d'ALGRIN.

11 — KRONENBURG. Deux groupes : Enfants ornant un vase avec des guirlandes de fleurs.

12 — VIEUX SAXE. Deux statuettes : Enfants sur des dauphins portant une coquille.

13 — VIEUX SAXE. Enfant tenant une grappe de raisin.

14 — CHARLES THÉODORE. Enfant assis sur des rocailles.

15 — VIEUX SAXE. Petite figurine de paysan.

16 — VIEUX SAXE. Statuette d'enfant sur un dauphin.

17 — VIEUX SAXE. Statuette de petite fille.

18 — LUDWIGSBURG. Statuette d'enfant enflammant un cœur.

19 — VIEUX SAXE. Statuette : Amour près d'un tronc d'arbre.

20 — VIEUX SAXE. Statuette d'enfant tenant une gerbe.

21-22 — VIEUX SAXE. Quatre figurines d'enfants les bras levés dont deux assis sur des petites colonnettes en marbre.

23 — Vieux Saxe. Service, décor aux coquelicots et insectes, bordure gaufrée, composé d'une cafetière, chocolatière, théière, sucrier, flacon à thé, tasse et soucoupe.

24 — Kronenburg. Service, décor à médaillons en camaïeu rose représentant des paysages au milieu de guirlandes de vignes, composé d'une théière, un grand bol à sucre, et quatre tasses avec leurs soucoupes.

25 — Kronenburg, Service, décor à bouquets de fleurs sur fond gaufré composé d'une chocolatière, cafetière et théière.

26 — Vieux Saxe. Six tasses et leurs soucoupes, bordures gaufrées, décor en camaïeu bleu à personnages.

27 — Vieux Saxe. Fontaine formé œuf sur trois pieds à rocailles, décor à bouquets de fleurs.

28 — VIEUX SAXE. Cafetière, décor à bouquets de fleurs détachés.

29 — VIEUX SAXE. Boîte ronde avec son couvercle, décor à animaux et volatiles.

30 — ALLEMAGNE. Sucrier et bol, décor à personnages.

31 — ALLEMAGNE. Figurine de jeune fille debout près d'un tronc d'arbre.

32 — LUDWIGSBURG. Deux figurines : l'Été et l'Automne.

33 — KRONENBURG. Petit groupe : le Vacher.

34 — VIEUX SAXE. Statuette d'enfant tenant une mappemonde.

35 — KRONENBURG. Figurine : La Paysanne.

36 — VIEUX SAXE. Figurine représentant Neptune.

37 — KRONENBURG. Statuette : Le Petit vendangeur.

38 — VIEUX SAXE. Statuette d'enfant tenant un feuillet.

39 — VIEUX SAXE. Petit faune assis sur un tronc d'arbre.

40 — BISCUIT d'ALLEMAGNE. Deux statuettes de femmes. allégories à l'Été et l'Automne.

41 — MAYENCE. Encrier, avec amour et rocailles.

42 — FRANKENTHAL. Petit groupe : Pâtre portant un mouton sur ses épaules.

43 — CHARLES-THÉODORE. Statuette : Joueur de biniou.

44 — VIEUX SAXE. Deux figurines : Joueuse de vielle et joueuse de mandoline.

45 — VIEUX SAXE. Cinq couteaux, manches en porcelaine, décor à fleurs, lames dorées.

46 — VIEUX SAXE. Cinq couteaux, manches en porcelaine lames en argent doré.

47 — CHANTILLY. Couteaux, manches en porcelaine, lames poinçonnées.

48 — CHANTILLY. Douze couteaux, manches en porcelaine.

49 — CHANTILLY. Onze couteaux lames poinçonnées, manches en porcelaine, décor au Chinois.

5o — ALLEMAGNE. Sept couteaux, manches en porcelaine, décor à fleurs, lames dorées.

5ı — Huit couteaux, manches en porcelaine décor à fleurs, lames et viroles en argent doré.

52-53 — VIEUX SAXE. Huit salières en émail, décor à fleurs et paysages sur fond bleu, vert et rose.

54 — VIEUX SAXE. Tasse et soucoupe décor à animaux.

55 — KRONENBURG. Tasse et soucoupe, décor camaïeu brun à paysage.

56 — MAYENCE. Tasse et soucoupe, décor à
animaux, bordure enrubannée.

57 — LUDWIGSBURG. Sucrier forme petite
soupière, décor à fleurs, poignée représentant des légumes.

58 — LUDWIGSBURG. Petite théière, décor
à médaillons représentant des sujets,
d'après BOUCHER.

59 — VIEUX JAPON. Deux salières, décor
bleu, rouge et or.

60 — VIEUX VIENNE. Petit sucrier avec son
couvercle, décor à personnages.

61 — VIEUX SAXE. Petit pot couvert, décor
petits personnages, bordure rose rehaus-
sée d'or.

62 — ALLEMAGNE. Petit pot couvert, décor
paysages maritimes.

63 — ALLEMAGNE. Petit pot à anses avec
couvercle, décor volatiles et paysages.

64 — LUDWIGSBURG. Petite boîte ronde, décor en camaïeu rose à paysage.

65 — MENECY. Petit pot à crème avec son couvercle, décor à bouquets de roses sur fond côtelé.

66 — FRANKENTHAL. Petit pot à crème, décor à semis de fleurs, bordure à carrelages.

67 — BARBOT. Pot à crème, décor semis de fleurs.

68 — INDES. Saucière, décor à fleurs.

69 — VIEUX SAXE. Étui de forme aplatie, décor paysage et fleurs.

70 — VIEUX SAXE. Étui, décor paysage animé de petits personnages.

71 — VIEUX SAXE. Petit plateau, décor fleurs, bordure gaufrée.

72 — ALLEMAGNE. Petit plateau ovale offrant au centre Vénus et l'Amour.

73 — VIEUX JAPON. Sucrier et son plateau, décor en bleu, rouge, vert et or, à branchages fleuris et volatiles.

74 — INDES. Saucière, guirlandes et armoiries.

75 — CHINE. Deux salières, famille rose, décor à fleurs.

76 — STRASBOURG. Huillier, décor a fleurs et coquilles, burettes en verre.

77 — MAYENCE. Ecritoire, décor à attributs de musique et médaillons en vert, bordure à feuilles de lauriers. Couvercle surmonté d'une statuette d'amour écrivant.

78 — GÊNES. Vase à deux anses offrants des amours.

79 — STRASBOURG. Moutardier côtelé, décor à fleurs.

80 — CHINE. Deux potiches et deux cornets. Famille rose, décor en émaux de couleurs à fleurs.

81 — Locré. Drageoir forme feuille de
vigne sur laquelle sont posés trois citrons.

82 — Vieux Saxe. Deux plats creux, décor
dans le goût chinois, à branchages fleuris
en bleu sur blanc.

83 — Vieux Saxe. Grand plat rond, décor
dans le goùt chinois en bleu sur blanc
offrant au centre une rosace entourée de
branchages fleuris, bordure à losanges,
avec médaillons à réserve d'insectes.

84 — Vieux Saxe. Soupière, décor à paysages, bordure gaufrée, couvercle surmonté
d'une figurine de marchande de légumes.

85 — Vieux Chine. Deux vases avec leurs
couvercles de forme côtelée, décor très
fin à fleurs et branchages en bleu sur
blanc.

86 — Vieux Saxe. Seau, décor à fleurs et
rocailles gaufrées.

87 — Vieux Paris. Soupière, décor à semis

de fleurs et chiffre S. G., bouton aux
légumes, bordure à guirlandes de fleurs.

88 — VIEUX CHINE. Deux cassolettes, forme
poissons, fond rouge rehaussé d'or.

89 — MARSEILLE. Deux bonbonnières en
forme de pigeons.

90 — VIEUX CHINE. Deux grands vases, décor très fin à palmes et fleurs, en bleu
sur blanc.

91 — VIEUX CHINE. Vase, décor aubergine
flambé avec dragon enroulé en relief.

92 — VIEUX JAPON. Potiche, décor à fleurs
en polychrome et or.

93 — VIEUX CHINE. Grande potiche avec
son couvercle, décor par compartiments
à réserves, offrant des branchages fleuris
et des objets d'ameublement en bleu sur
blanc.

94 — VIEUX JAPON. Grande potiche, décor à

fleurs et animaux fantastiques en bleu, rouge et or.

95 — VIEUX JAPON. Potiche avec son couvercle surmonté d'un coq, décor polychrome réhaussé d'or, à fleurs et volatiles.

96 — VIEUX CHINE. Deux candélabres à trois lumières, formés par des potiches craquelées, décor bleu à personnages. Montures bronze doré à bouquets de lys.

97 — VIEUX DELFT. Deux bouteilles forme à pans, décor à fleurs et volatiles.

98 — INDE. Seau, décor à fleurs et armoiries.

99 — FLANDRES. Pichet en ancien grès gravé décoré de rosaces offrant au centre un joueur de guitare, couvercle en étain.

100 — ALLEMAGNE. Pichet en ancienne faïence avec couronne et monogramme, couvercle en étain.

101 — VIEUX DELFT. Deux vases, décor

bleu, sujets chinois, couvercles surmon-
tés de lions.

102 — Vieux Japon. Potiche, décor polychrome, couvercle surmonté d'une chi-
mère.

103 — Nevers. Grande potiche de pharma-
cie, décor à personnages en bleu sur
blanc.

104 — Vieux Delft. Potiche à pans, décor
à fleurs.

105 — Kronenburg. Corbeille ovale, décor à
fleurs, bordure ajourée.

106 — Italie. Vase, décor à sujets allégoriques, anses formées par des serpents.

107 — Vieux Delft. Deux petites bouteilles,
panses et goulot cotelés, décor à fleurs en
bleu sur blanc.

108 — Vieux Delft. Deux potiches forme à
pans, décor à branches de fleurs et vola-

tiles en bleu sur blanc, montures en
bronze doré.

109 — INDE. Trois petits plateaux à sucre,
bordures lotus, décor à paysages et personnages.

110 — ITALIE. Deux coupes rondes sur pié-
douches, décor ajouré offrant au centre
deux amours.

111 — VIEUX CHINE. Cassolette fond capucin,
avec réserve de médaillons à fleurs.

112 — NEVERS. Deux grandes bouteilles
forme à pans, décor à sujets chinois en
bleu sur blanc.

113 — VIEUX CHINE. Potiche avec son couvercle, décor à volatiles au milieu de
branchages.

114 — VIEUX JAPON. Deux cantines à quatre
compartiments, décor polychrome.

115 — VIEUX SAXE. Grand plat, décor à

branchages fleuris en bleu sur blanc
dans le goût chinois.

116 à 118 — VIEUX CHINE. Douze assiettes
de la famille rose, décor à fleurs et
oiseaux.

119 — VIEUX CHINE. Assiette de forme octo-
gonale, décor à fleurs.

120 — VIEUX CHINE. Deux petites assiettes
creuses, décor à fleurs.

121 — VIEUX CHINE. Deux raviers, décor à
l'aquarium, bordure aux flots de la mer.

122-124 — INDE. Dix plats ovales, une soupière et un saladier, décor à fleurs en
rouge brique rehaussé d'or.

125 — VIEUX DELFT. Deux grandes bouteilles
à pans, décor à fleurs et volatiles en bleu
sur blanc.

126 — VIEUX CHINE. Assiette offrant au centre un vase entouré de fleurs.

127 — Vieux Chine. Assiette de la famille rose, décor à personnages.

128 — Vieux Chine. Assiette de la famille rose, offrant au centre un personnage à cheval.

129 — Vieux Japon. Trois assiettes, décor à personnages.

130 — Vieux Chine. Assiette de la famille rose, décor au coq.

131 — Vieux Chine. Assiette de la famille rose, décor aux faisans.

132 — Inde. Assiette représentant une Marine avec personnages au pied d'une tour.

133 — Inde. Assiette décor à fleurs, le haut avec armoiries.

134 — Vieux Japon. Grand plat, décor à fleurs, bordure à réserves et lambrequins bleus et rouges.

135 — Vieux Japon. Grand plat, décor à grands ramages en bleu, rouge et or, offrant au centre des fleurs dans une potiche.

136 — Vieux Japon. Plat, décor polychrome à la jardinière fleurie.

137-138 — Vieux Japon. Deux plats, décors à paysages fleuris et volatiles en bleu, rouge et or.

139-143 — Vieux Japon. Vingt assiettes, décor polychrome à branchages et fleurs.

144-145 — Vieux Chine. Deux plats offrant au centre un attelage de renne à rehauts d'or.

146 — Inde. Trois assiettes, décor en rouge corail rehaussé d'or, et représentant des scènes de la vie du Christ.

147 — Vieux Chine. Grand plat, famille rose, décor à la corbeille fleurie.

148 — Vieux Chine. Assiette de la famille

verte, décor à branchages fleuris et volatiles en rouge et vert rehaussé d'or.

149 — INDE. Deux assiettes, décor à armoiries.

150 — VIEUX CHINE. Assiette, décor à rosace fleuronnée.

151-153 — INDE. Cinq assiettes, décorées d'armoiries de provinces hollandaises.

154 — VIEUX JAPON. Deux assiettes, décor à armoiries, bordure partie bleue.

155 — VIEUX JAPON. Grand plat, décor à rosace et décor de fleurs en polychrome.

156 — VIEUX JAPON. Deux grandes assiettes, décor à armoiries et à la jardinière fleurie.

157 — VIEUX CHINE. Deux assiettes de la famille rose, offrant au centre un personnage jouant de la flûte, bordures à fleurs et petits personnages.

158 — VIEUX PARIS. Plat, décor à semis de

fleurs avec chiffre S. G. au centre, bordure à guirlandes de fleurs.

159 — VIEUX CHINE. Grand plat rond de la famille rose, décor à fleurs.

160 — VIEUX CHINE. Grand plat, décor à la corbeille fleurie.

161 — INDE. Coupe ovale et lobée, décor à fleurs.

VERRERIE

162 — Deux beurriers, forme feuilles avec couvercles et plateaux.

163 — Quatre aiguières gravées, animaux et volatiles, couvercles en étain.

164 — Chope gravée à inscription, monture étain.

165 — Quatre plateaux gravés à écusson, bordure dentelée.

166 — Deux petites coupes sur pied de forme lobée.

167 — Service à liqueurs en ancien verre de Bohême, décor doré, composé d'un plateau, trois flacons et deux verres.

168 — Petit plateau rond en cristal gravé.

OBJETS D'ART

169 — Jolie pendule de l'époque Louis XV, en bronze ciselé et doré, à rocailles et fleurs, surmontée de deux figurines d'amours tenant une lyre, le bas à attributs de musique, posant sur un socle, cadran signé ADMYRAULT.

170 — Deux flambeaux de l'époque Louis XV, en bronze ciselé et doré, à rocailles et fleurs.

171 — Pendule d'applique et son socle, en
marqueterie de cuivre sur fond d'écaille,
ornée de bronzes ciselés et dorés, surmontée d'une figurine de Renommée. Cadran
signé B. Gérard. Epoque Louis XIV.

172 — Deux socles Louis XV en bronze ciselé et doré, à rocailles.

173 — Deux jardinières en bronze de Chine,
décor à personnages.

174 — Quatre petites glaces de Venise gravées
à figures mythologiques, cadres formes
écussons en bois sculpté et doré.

OBJETS DE VITRINE

175 — Eventail en ivoire ajouré et dor
feuille ornée d'une peinture offrant de
nombreux personnages. Epoque L. XVI.

176 — Châtelaine en acier faceté avec médaillons en cuivre doré. Époque Louis XVI.

176 bis. — Broche en argent pavé de strass.
Époque Louis XVI.

177 — Pendentif en filigrane d'argent doré et
émaillé, orné de perles fines. Époque
Louis XVI.

178 — Paire de boucles d'oreilles enrichies
de turquoises et de perles. Époque
Louis XVI.

179 — Paire de pendants d'oreilles en or
forme lustres ornés de perles fines. Époque
Louis XVI.

180 — Paire de pendants d'oreilles en argent
enrichis de cailloux du Rhin. Époque
Louis XVI.

181 — Paire de boucles d'oreilles en or,
orné de deux perles et de quatre amé-
thystes.

182 — Quatre appliques en argent doré, orné
de perles et de turquoises. XVIIIe siècle.

183 — Deux miniatures anciennes. Nymphe
et Amour, et portrait de femme, cadres
en bronze ciselé et doré, forme écusson,
entourés de branches de chêne.

184 — Montre du temps de Louis XVI en or
émaillé avec entourage en jargons.

185 — Montre en or émaillé. Époque
Louis XVI.

186 — Collier avec croix en strass, monture
en argent de l'époque Louis XVI.

187 — Trois rosaces en strass, montures
argent. Époque Louis XVI.

188 — Deux épingles, forme écussons, en
émeraudes fausses et strass. Époque
Louis XVI.

189 — Paire de pendants d'oreilles peintures :
amours en grisaille, montures enrichies
de perles. Louis XVI.

190 — Pendentif, camée sur jaspe sanguin,

tête de César laurée, monture or, entourage en demi-perles.

191 — Pendant de cou, camée sur labrador, tête de femme, monture or, entourage demi-perles.

192 — Broche camée, tête de profil, monture or, entourage en demi-perles.

193 — Pendant camée, profil d'homme, monture or, entourage en demi-perles.

194 — Éventail du Directoire en corne appliquée d'or et d'argent, feuille à médaillons: paysages avec ruines.

195 — Neuf boutons en peinture sur émail, décor à paysages. Louis XVI.

TABLEAUX

OUDRY

196 — *Renard sur un rocher, surveillant des lapins, avec trophée d'attributs en haut.*

197 — *Renard pris au piège, avec trophée d'attributs en haut.*

Toile. Haut. : 0ᵐ5o ; larg. : 0ᵐ22.

VESTIER

198 — *Portrait de dame en corsage blanc, représentée de face, coiffée d'un petit chaperon de dentelle et manteau bleu bordé de fourrure jeté sur les épaules.*

Signé à droite et daté.
Œuvre des plus spirituellement traitées.

ÉCOLE FRANÇAISE XVIIIᵉ SIÈCLE

199-200 — *Les Saisons.* Quatre charmants petits portraits de femme représentées sous formes allégoriques dans d'élégants costumes.

MEUBLES

Objets d'Art

ARGENTERIE, TABLEAUX

APPARTENANT A DIVERS

MEUBLES

201 — Beau lit de milieu en bois d'acajou
moucheté et sculpté, angles à colonnettes.
cannelées, fronton et tour du lit à canaux,
orné de bronzes dorés époque Louis XVI,
accompagné de son ciel de lit avec tentures et draperies en soie jaune d'or
garnie de franges et de glands assortis.

202 — Très beau bureau cylindre formant
bonheur-du-jour en bois d'acajou moucheté, orné d'encadrements à rais de cœur,
en bronze doré époque Louis XVI. Il a
été transformé pour servir de toilette, tous
les tiroirs et pièces d'intérieur existent et
l'accompagnent pour en refaire le bureau
primitif.

203 — Belle armoire en bois d'acajou ouvrant
à deux portes avec glaces, encadrement
en bronze doré à rais de cœur, côtés et

fronton cannelés époque Louis XVI, l'intérieur garni d'étoffe jaune d'or.

204 — Bergère en bois d'acajou orné de
bronzes dorés du temps de Louis XVI,
avec coussins et couverte en velours jaune
d'or, dessin à relief.

205 — Chaise à dossier forme lyre en bois
d'acajou orné de bronzes dorés. Époque
Louis XVI.

206 — Chaise en bois d'acajou à dossier,
forme lyre, époque Louis XVI, couverte
de cuir.

207 — Petite table rectangulaire à étagère en
marqueterie de bois ouvrant à un tiroir,
dessus à galerie de cuivre. Époque Louis
XVI.

208 — Petit thermomètre avec cage en acajou
orné de bronzes dorés. Époque Ier Empire.

209 — Bureau plat rectangulaire en bois

d'acajou, encadrement à perlés de cuivre avec galerie ajourée sur trois côtés. Époque Louis XVI.

210 — Table en acajou, dessus en marbre blanc d'Orient avec galerie de cuivre. Époque Louis XVI.

211 — Fauteuil en bois de noyer sculpté, couvert en soierie blanche brochée à fleurs, feuillages et festons. Époque Louis XVI.

212 — Fauteuil en bois sculpté et doré, couvert en brocart du temps de Louis XVI.

213 — Chaise en bois de noyer sculpté, couverte en cuir. Époque Louis XVI.

214 — Table formant bureau en bois noir tout incrusté d'ivoire, dessin à fleurs, rinceaux et médaillons. Travail italien. xviie siècle.

215 — Chambre à coucher en bois noir et marqueterie de cuivre sur écaille, com-

posée d'un lit, une armoire, à glaces à trois portes et une table de nuit.

216 — Meuble de salon en bois sculpté et doré de style Louis XVI garni en velours ciselé sur fond havane, composé d'un canapé, deux fauteuils et quatre chaises.

217 — Table de salon en bois sculpté et doré de style Louis XVI.

218 — Piano en palissandre de Philippi frères.

219 — Table à ouvrage en acajou et filets de cuivre, époque Louis XVI.

220 — Ecran Louis XVI en noyer garni en étoffe ancienne.

221 — Table de salon en acajou et marqueterie de bois ornée de bronzes.

222 — Canapé et deux fauteuils garnis en étoffe grise et velours frappé rouge.

223 — Chaise chauffeuse en satin noir et bande de tapisserie.

ARGENTERIE

224 — Magnifique et importante garniture
de table de style Louis XVI en argent
finement ciselé, composée d'une grande
jardinière et de deux candélabres à six
lumières bouquets de fleurs, décorés de
guirlandes de vignes reliées à des têtes
de satyres.

OBJETS D'ART

225 — Jolie pendule forme monument en
marbre blanc, bronzes ciselés et dorés,
époque Louis XVI, cadran signé BISSON.

226 — Deux jolis petits bas-reliefs représentant les Amours musiciens, bronze ciselé
et doré, époque Louis XVI.

227 — Petit lustre à six lumières en bronze ciselé et doré orné de mascarons à têtes de faunes et de béliers, époque Régence.

228 — Deux appliques à deux lumière, modèle au carquois, bronze doré, Louis XVI.

229 — Paire de candélabres formés de figurines de nymphes accroupies en bronze patine noire, portant des vases à trois branches de lumière, en bronze doré, socles carrés en marbre rouge avec bas-relief à figures d'enfants et de petit bacchant en bronze doré. Époque Louis XVI. Sont transformés pour l'électricité.

230 — Joli petit buste de Minerve en marbre blanc sur socle en bronze à coquilles et contre socle en marbre vert de mer. Époque Louis XIV.

231 — Figurine de petit bacchant, bronze à patine claire sur socle carré en spatfluor clair, contre socle en marbre. Style XVIIIe siècle.

232 — Chien en bronze vert, de BARYE, signé.

233 — Paire de flambeaux à figurines d'enfants en bronze, socles en marbre. Époque Louis XVI.

234 — Potiche en vieux Nevers, décor à paysages en bleu.

235 — Deux bouteilles en ancienne faïence de Perse, décor en bleu.

236 — Potiche en vieux Delft, décor oiseaux et fleurs en bleu.

237 — Petite potiche avec couvercle en vieux Delft, décor à fleurs, oiseaux et lambrequins en bleu.

238 — Deux aiguières en Vieux Chine, décor à personnages et paysages en bleu.

239 — Deux vases en faïence de Sèvres, décor bleu de roi, avec frises en grisaille.

240 — Deux plateaux ronds, à fonds de glace montés en bronze. Époque 1er Empire.

241 — Statuette de Diane de Gabie en bronze. Edition de BARBEDIENNE.

242 — Petite pendule de bureau en bronze doré, ornée de guirlandes de lauriers et de rosaces, mouvement à sonnerie réveil-matin. Époque Louis XVI.

243 — Presse-papier en bronze ciselé et doré, à ornements et soleil. Époque Louis XIV.

244 — Petit encrier en bronze doré. Époque Ier Empire.

245 — Petit buste de la reine Marie-Antoinette, en bronze, à patine foncée, sur fût de colonne en marbre bleu turquin garni de bronze de l'époque.

246 — Buste en marbre : Femme Louis XV.

247 — Buste en marbre blanc : le Réveil du Printemps, par LUIGI.

248 — Petite pendule en biscuit ornée de bronzes dorés. Style Louis XVI.

249 — Lustre en bronze doré garni de cristaux. Style Louis XV.

250 — Cartel en bronze doré, style Louis XVI, de Dasson.

251 — Paire de chenêts en bronze à boules et draperies Louis XVI.

252 — Deux bouts de table de style Louis XVI, en bronze, à figures d'enfants.

253 — Deux flambeaux style Louis XVI en bronze.

254 — Grand plat en faïence de Delft.

255 — Brûle-parfums en porcelaine d'Allemagne décorée de fleurs en relief.

256 — Tasse Empire en porcelaine anglaise.

257 — Petit buste en bronze doré.

258 — Bas-relief cuivre repoussé.

259 — Trois figurines en bronze.

260 — Cinq pièces en bronze et cuivre : Trip-
tyque, cachets, montre, tortue.

261 — Bas-relief en bronze : Faunes et Bac-
chantes.

MINIATURES, BIJOUX

262-263 — Deux miniatures : Portraits de
femmes lisant et s'éventant, avec cadres
en bronze ciselé et doré. Époque Louis XV.

264 — Chaîne sautoir en or avec entre-deux
émaillés ornés de perles et de turquoises.

265 — Bague en argent, chaton à bandes
d'émail bleu et de marcassites.

266 — Sept pièces : Loupes, boussole, barro-
mètre.

267 — Miroir buccal en argent.

TABLEAUX

BARILLOT

268 — *Vaches au bord d'une mare.*

BRUGAIROLLES

269 — *Vue d'Yport.*

270 — *La Plage de Cailleux.*

BERGHEM. (Attribué à Nicolas)

271 — *Paysage animé de personnages.*

BOGGS

272 — *Canal à Dordrecht.*

CHABAS (Paul)

273 — *La Poésie.*

COROT (Genre de)

274 — *Étude d'arbre.*

COROT (École de)

275 — *Paysage.*

COROT (Attribué à)

276 — *Paysage.*

COULON (Louis)

277 — *Le Fumeur.*

DEBUCOURT (d'après)

278 — *Deux gravures en couleur.*

FRAGONARD (d'après)

279 — *Psyché au Tribunal de Vénus.*

280 — *Pyché offrant des fruits à ses sœurs.*

Deux jolies gravures en couleur de l'époque.

FRENDBERG (d'après)

281 — *Le Portrait.*

JACQUES (Ch.)

282 — *Bergers.*

Dessin à la mine de plomb.

JORDAENS (d'après)

283 — *Femme portant des fruits et Satyre.*

284 — *Nymphe et Bacchante.*

LANGLOIS

285 — *Paysage.*

LARGILLIÈRE (Ecole de)

286 — *Portrait de grande dame.*

LAURENS (Jean-Paul)

287 — *La Mort de Barat.*

LÉPINE (S.)

288 — *Paysage.* Les Chalands.

MESPLÈS

289-90 — *Danseuses.*

Deux pastels.

MONTICELLI

291 — *La Fontaine des Tritons.*

NETSCHER (Attribué à)

292 — *Amour au Perroquet.*

PELLEGRINI

293 — *La Lecture de la lettre.*

PILLEMENX

294 — *Paysage animé de personnages.*

Dessin.

RIBOT (Germain)

295 — *Vase de fleurs.*

TROYON (Genre de)

296 — *Vache debout.*

WAHL-FONTAINE

297 — *Après le bàl.*

Pastel.

ECOLE ANCIENNE

298-299 — *Le Départ et le Retour de la châsse au faucon.*

Deux pendants.

ECOLE FRANÇAISE DU XVIIIe SIÈCLE

3oo — *Portrait de dame en robe de mousse-
line noire.*

3o1 — *Portrait de femme.*

3o2 — *Portrait de jeune garçon en habit bleu.*

ECOLE HOLLANDAISE

3o3 — *La Dentellière.*

3o4 — *Toile peinte à figures d'Amours.*

TENTURES. TAPIS

3o5 — Panneau en satin de Chine, fond noir,
brodé de fleurs et d'oiseaux.

3o6 — Tapis de table en satin vieux rose,
tout brodé de fleurs et d'animaux chimé-
riques.

3o7 — Paire de rideaux en peluche de soie
rouge.

3o8 — Garniture de lits et deux décorations
de fenêtres en damas de soie rouge. et
peluche vieux rose.

3o9 — Garniture de lit et deux décorations de
fenêtres en velours frappé marron.

3io — Tapis de Smyrne.

3ii — Objets omis.

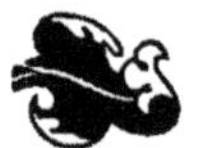

www.ingramcontent.com/pod-product-compliance
Ingram Content Group UK Ltd.
Pitfield, Milton Keynes, MK11 3LW, UK
UKHW031755170726
13836UKWH00002B/996